하루 10분 맞춤법 따라쓰기

1단계 기초 다지기

키즈키즈 교육연구소 지음

미래주니어

차례

틀리기 쉬운 낱말

자주 틀리고, 헷갈리는
낱말을 따라 쓰며
맞춤법을 익혀 보세요!
따라 쓴 낱말에는
☑표시하세요~

헷갈리기 쉬운 낱말

예쁜 글씨체와 국어 실력을 키워 주는
<하루 10분 맞춤법 따라쓰기>

자주 틀리는 맞춤법 100개를 따라 쓰면 나도 국어왕!

<하루 10분 맞춤법 따라쓰기-1단계>는 아이들이 어려워하는 맞춤법을 따라쓰기와 접목하여 흥미롭게 익힐 수 있도록 구성하였습니다. 초등학생이 꼭 알아야 할 맞춤법 100개를 선별해 예문과 함께 실었습니다.

'강낭콩/강남콩', '찌개/찌게'와 같은 자주 틀리는 낱말과 '가르치다/가리키다' 처럼 발음이 비슷하여 헷갈리기 쉬운 낱말을 알기 쉽게 설명했습니다. 그 밖에 '자장면/짜장면'처럼 두 경우 모두 표준어로 인정하는 복수표준어와 어른께 쓰는 높임말에 대해서도 알아보았습니다.

맞춤법은 생활 속 예문을 통해 낱말의 쓰임을 익히는 것이 가장 효과적인 방법입니다. 다양한 예문을 차근차근 따라 쓰다 보면 누구나 '국어왕'이 될 수 있습니다.

바른 글씨체 연습으로 예쁜 글씨를 만들어 줍니다.

한글을 익히는 연령이 점점 낮아지면서 글자를 익히는 데만 집중하다 보니 바른 글씨체를 갖는 것에 소홀히 하는 경우가 많습니다. 하지만 한 번 익힌 글씨체는 쉽게 고쳐지지 않으며, 어릴 때 글씨체를 바로잡지 않으면 자라서도 글씨체를 고치기가 힘이 듭니다. 또 사람들 앞에서 글씨 쓰는 것을 부끄러워하거나 악필이라는 핸디캡

ㄱㄴㄷㄹ

을 갖기도 합니다.

처음부터 바르게 익힌 예쁜 글씨체는 평생 훌륭한 자산이 됩니다. 〈하루 10분 맞춤법 따라쓰기-1단계〉는 어린이들에게 따라쓰기를 하며 자연스럽게 바르고 예쁜 글씨체를 익히도록 도와줍니다.

'쓰기'는 초등 학습의 기본이 되는 교육 중 하나입니다.

초등학교에 입학하면 읽기, 쓰기, 말하기는 가장 기본적인 학습입니다. 자신의 생각을 바르게 전하기 위해서 바른 글씨체를 익히는 것은 필수입니다. 또한 글씨를 잘 쓰면 어릴 때나 어른이 되어서도 주변 사람들의 관심을 받게 되고, 자신감도 갖게 됩니다. 뿐만 아니라 글씨를 한 자 한 자 바르게 따라 쓰다 보면 산만한 마음을 가라앉게 해 주며, 집중력도 함께 길러져 학습에 필요한 기본기를 탄탄하게 다져 줍니다.

꾸준히 따라쓰기를 할 수 있도록 격려해 주세요.

따라쓰기는 처음부터 욕심을 내어 하루에 여러 장을 쓰지 않도록 합니다. 한 번에 많이 쓰는 것보다 매일 꾸준히 쓰는 연습을 하는 것이 바른 글씨체와 맞춤법을 익히는 데 더욱 효과적입니다.

'칭찬은 고래도 춤추게 한다.'는 말이 있습니다. 부모의 말 한마디에 아이는 자신감을 가지고 꾸준히 학습할 수 있는 용기를 얻습니다. 작은 변화에도 관심을 가져 주고 아낌없이 칭찬해 주어야 합니다.

01 가게(O) 가개(X)

물건을 파는 집을 '가게'라고 해요. 가게는 한자어에서 비롯된 말로
길가나 장터에서 물건을 팔기 위해 임시로 지은 집이라는 뜻이었어요.

주의 '게'와 '개'는 틀리기 쉬운 낱말이에요. 무지개, 지우개, 바닷게, 멍게가 맞습니다.

 바르게 따라 써 보세요.

옷	가	게	에	서		예	쁜		옷
옷	가	게	에	서		예	쁜		옷

을		샀	습	니	다	.			
을		샀	습	니	다	.			

 아래 칸에 맞춰 써 보세요.

옷 가게에서 옷을 샀다.

옷 가게에서 옷을 샀다.

이럴 때 이렇게!

· 동생이 장난감 가게에서 로봇을 사 달라고 졸랐어요.

· 시장은 가게마다 물건을 사러 온 사람들로 붐볐다.

02 가려고(O) 갈려고(X)

'가다'는 한 곳에서 다른 곳으로 장소를 옮기는 것을 뜻해요.
흔히 '갈려고', '올려고', '할려고'라고 쓰는 일이 많은데,
'가려고', '오려고', '하려고'가 맞는 말이에요.

 바르게 따라 써 보세요.

| 나 | 는 | | 학 | 교 | 에 | | 가 | 려 | 고 | |

| 차 | 를 | | 탔 | 습 | 니 | 다 | . | | | |

 아래 칸에 맞춰 써 보세요.

학교에 가려고 차를 탔다.

이럴 때 이렇게!

· 우리 가족은 놀이공원에 가려고 지하철을 탔어요.
· 우리도 지금 집에 가려고 했어.

03 강낭콩(O) 강남콩(X)

강낭콩은 줄기가 덩굴을 이루는 콩과의 한해살이풀이에요.
원래 강남에서 나는 콩이라는 뜻의 '강남콩'에서 변한 말로,
'강낭콩'이 표준어입니다.

 바르게 따라 써 보세요.

밥	을		지	을		때		강	낭	콩
밥	을		지	을		때		강	낭	콩

을		넣	으	면		맛	있	어	요	.
을		넣	으	면		맛	있	어	요	.

 아래 칸에 맞춰 써 보세요.

강낭콩은 맛있다.

강낭콩은 맛있다.

이럴 때 이렇게!

- 며칠 전에 심은 강낭콩의 새순이 올라왔어요.
- 강낭콩 덩굴에 예쁜 연보라색 꽃이 피었습니다.

04 같아(O) 같애(X)

크기나 모양이 같고, 서로 비교해서 다르지 않을 때 쓰는 말이에요.
대화 속에서 '-같아'를 '-같애'라고 잘못 쓰는 경우가 많아요.

 바르게 따라 써 보세요.

하	늘	이		흐	린		걸		보	니 ∨

비	가		올		것		같	아	.

 아래 칸에 맞춰 써 보세요.

비가 올 것 같아.

비가 올 것 같아.

이럴 때 이렇게!

· 노래를 들으면 공부가 더 잘되는 것 같아.

· 네 가방이 내 것과 똑같아.

05 거야(O) 꺼야(X)

'거야'는 '것이야'의 구어적인 표현이에요. 구어는 일상적인 대화 속에서
쓰는 입말을 말해요. '꺼야'는 틀린 표현이에요.

비슷한 표현 '할께', '할껄', '꺼예요'도 '할게', '할걸', '거예요'가 맞는 말이에요.

 바르게 따라 써 보세요.

내	일	부	터	는		공	부	를		열
내	일	부	터	는		공	부	를		열

심	히		할		거	야	.
심	히		할		거	야	.

 아래 칸에 맞춰 써 보세요.

공부를 열심히 할 거야.

공부를 열심히 할 거야.

이럴 때 이렇게!

· 올해는 좋은 일만 생길 거야!

· 네가 마음먹은 대로 하면 되는 거야.

06 -고요(O) -구요(X)

대화를 할 때는 '-라구요', '했구요', '-맞구요'처럼 쓰는데,
'-라고요', '-했고요', '-맞고요'로 써야 해요.

비슷한 표현 '도'를 '나두 할래!'처럼 '두'로 쓰는 일이 있는데, '나도 할래!'가 맞습니다.

 바르게 따라 써 보세요.

3	학	년	이	고	요	.		생	일	은	
3	학	년	이	고	요	.		생	일	은	

12	월		5	일	이	에	요	.			
12	월		5	일	이	에	요	.			

 아래 칸에 맞춰 써 보세요.

3학년이고요.

3학년이고요.

이럴 때 이렇게!

· 어제 먹은 음식이 정말 맛있더라고요!

· 어떤 영화를 좋아하냐고요?

07 곰곰이(O) 곰곰히(X)

'곰곰이'는 깊이 생각하는 모양을 뜻하며,
'곰곰 생각하다'처럼 '곰곰'으로도 쓰여요.

비슷한 표현 '곰곰 / 곰곰이'처럼 '일찍 / 일찍이', '더욱 / 더욱이'도 서로 같은 뜻이에요.

 바르게 따라 써 보세요.

어	제		일	을		곰	곰	이		생
어	제		일	을		곰	곰	이		생
각	해		보	았	다	.				
각	해		보	았	다	.				

아래 칸에 맞춰 써 보세요.

곰곰이 생각했다.

곰곰이 생각했다.

이럴 때 이렇게!

· 마음속으로 곰곰이 되새겨 보아라!

· 선생님께 꾸중을 듣고 곰곰이 생각해 보았어.

08 곱빼기(O) 곱배기(X)

두 사람 양의 음식을 한 그릇에 담는 것을 '곱빼기'라고 해요.
곱빼기에서 '곱'은 어떤 수나 양을 두 번 합한 만큼을 뜻하고,
'빼기'는 밥빼기, 악착빼기처럼 어떤 말 뒤에 붙어 그런 특성을 갖게 해요.

 바르게 따라 써 보세요.

배	가		고	파	서		짜	장	면	을 ∨
배	가		고	파	서		짜	장	면	을

곱	빼	기	로		시	켰	어	요	.
곱	빼	기	로		시	켰	어	요	.

 아래 칸에 맞춰 써 보세요.

짜장면을 곱빼기로 시켰다.

짜장면을 곱빼기로 시켰다.

이럴 때 이렇게!

· 국수를 곱빼기로 시켰더니 너무 많아서 다 못 먹겠어.

· 아빠는 냉면을 곱빼기로 드셨어요.

09 굳이(O) 구지(X)

'굳이'는 단단한 마음을 표현할 때 쓰며, '굳다'에서 온 말이에요.
소리 나는 대로 [구지]로 적지 않도록 주의하세요.

비슷한 표현 '놀이'도 [노리]라고 발음하지만 '놀다'에서 비롯된 말로, '놀이'로 적어야 해요.

 바르게 따라 써 보세요.

굳	이		따	라	가	겠	다	면		마
굳	이		따	라	가	겠	다	면		마

음	대	로		해	도		좋	아	.
음	대	로		해	도		좋	아	.

 아래 칸에 맞춰 써 보세요.

굳이 따라가겠다면

굳이 따라가겠다면

이럴 때 이렇게!

· 굳이 달리기를 해서 내기를 하자고?

· 친구는 내 선물을 굳이 사양했다.

10 귓속(O) 귀속(X)

'귓속'은 귀의 바깥쪽에서 고막까지의 구멍을 말해요.
'귓속', '귓구멍', '콧속', '콧구멍'처럼 사이시옷을 적어야 해요.

 바르게 따라 써 보세요.

할	머	니	는		귓	속	에		보	청
할	머	니	는		귓	속	에		보	청

기	를		끼	우	셨	어	요	.		
기	를		끼	우	셨	어	요	.		

 아래 칸에 맞춰 써 보세요.

귓속에 끼웠다.

귓속에 끼웠다.

이럴 때 이렇게!

· 귓속에서 이상한 소리가 들리는 것 같아.

· 음악 소리가 귓속에 울려 퍼졌어요.

11 그러고 나서(O) 그리고 나서(X)

'그러고 나서'는 '그렇게 하고 나서'라는 뜻을 가지고 있어요.
'그리고'에는 '나서'를 붙여 쓸 수 없어요.

비슷한 표현 '그리고는'도 틀린 표현으로 '그러고는'이라고 써야 해요.

 바르게 따라 써 보세요.

먼	저		숙	제	를		하	자	.	그
먼	저		숙	제	를		하	자	.	그

러	고		나	서		놀	자	.		
러	고		나	서		놀	자	.		

 아래 칸에 맞춰 써 보세요.

그러고 나서 놀자.
그러고 나서 놀자.

이럴 때 이렇게!

· 텔레비전을 껐다. 그러고 나서 책을 펼쳤다.

· 간식을 먹을 거야. 그러고 나서 학원에 가야 해.

12 금세(O) 금새(X)

금세는 '지금 바로'라는 뜻으로 '금시에'의 준말이에요.
금세와 금새가 혼동될 때는 본말인 '금시에'를 떠올려 보세요.

비슷한 표현 요새는 '요사이'가 줄어든 말이에요.

 바르게 따라 써 보세요.

| 소 | 문 | 이 | | 금 | 세 | | 학 | 교 | 에 | |

| 퍼 | 졌 | 습 | 니 | 다 | . | | | | | |

 아래 칸에 맞춰 써 보세요.

소문이 금세 퍼졌다.

소문이 금세 퍼졌다.

이럴 때 이렇게!

· 비가 와서 금세 강물이 불어났습니다.

· 청소를 둘이 함께 했더니 금세 끝났어.

13 기다란(O) 길다란(X)

'기다란'은 매우 길거나 생각보다 길다는 뜻으로
'기다란 / 기다랗다 / 기다랗고'로 쓰여요.

 바르게 따라 써 보세요.

공	원	에	서		목	이		기	다	란	∨
공	원	에	서		목	이		기	다	란	

기	린	을		보	았	다	.
기	린	을		보	았	다	.

 아래 칸에 맞춰 써 보세요.

목이 기다란 기린

목이 기다란 기린

깎다(O) 깍다(X)

'깎다'와 '깍다'는 둘 다 [깍따]로 발음돼서 혼동하기 쉬운데
'깎다'가 맞는 표현입니다. '깎아 / 깎으니 / 깎는'으로 쓰입니다.

비슷한 표현 '연필깎이', '손톱깎이'의 경우도 '깎이'로 써야 해요.

바르게 따라 써 보세요.

칼	로		사	과		껍	질	을		깎
칼	로		사	과		껍	질	을		깎

습	니	다	.
습	니	다	.

아래 칸에 맞춰 써 보세요.

사과 껍질을 깎다.

사과 껍질을 깎다.

이럴 때 이렇게!

· 아빠는 주말이면 정원의 잔디를 깎고 나무를 돌보십니다.

· 엄마는 시장에서 물건 값을 이천 원이나 깎으셨어요.

15 깡충깡충(O) 깡총깡총(X)

'깡충깡충'은 짧은 다리를 모으고 힘 있게 솟구쳐 뛰는 모양을 나타내요.
예전에는 '깡총깡총'으로도 썼지만, 지금은 틀린 표현으로
'깡충깡충'이 표준어입니다.

 바르게 따라 써 보세요.

토	끼	가		풀	밭	을		깡	충	깡
토	끼	가		풀	밭	을		깡	충	깡

충		뛰	어	갑	니	다	.
충		뛰	어	갑	니	다	.

아래 칸에 맞춰 써 보세요.

토끼가 깡충깡충

토끼가 깡충깡충

이럴 때 이렇게!

· 동생이 언니 손을 잡고 깡충깡충 뛰어가요.

· 노루가 깡충깡충 뛰어 숲 속으로 달아났습니다.

깨끗이(O) 깨끗히(X)

'깨끗이'가 맞는 표현이에요.
'깨끗히'나 소리 나는 대로 '깨끄시'로 적지 않도록 주의하세요.

 바르게 따라 써 보세요.

집	에		오	면		손	부	터		깨
집	에		오	면		손	부	터		깨

끗	이		씻	어	야		해	요	.
끗	이		씻	어	야		해	요	.

아래 칸에 맞춰 써 보세요.

손을 깨끗이 씻다.

손을 깨끗이 씻다.

이럴 때 이렇게!

· 내 방은 내가 깨끗이 청소해요.

· 잘못 쓴 글자는 지우개로 깨끗이 지우면 돼.

17 낮선(O) 낯설은(X)

'낯설다'는 서로 알지 못하고 본 기억이 없어서 익숙하지 않다는 뜻이에요.
'낯선 / 낯설고 / 낯설지' 등으로 쓰여요.

 바르게 따라 써 보세요.

강	아	지	는		낯	선		사	람	만 ∨
강	아	지	는		낯	선		사	람	만

보	면		짖	어		대	요	.
보	면		짖	어		대	요	.

 아래 칸에 맞춰 써 보세요.

낯선 사람만 보면 짖다.

낯선 사람만 보면 짖다.

이럴 때 이렇게!

· 길에서 낯선 사람이 말을 걸면 조심해야 해요.
· 오늘 처음 만났는데 낯설지 않아요.

 **18** # 냄비(O) 냄비(X)

음식을 끓이거나 삶을 때 쓰는 그릇을 '냄비'라고 해요.
'남비'라고 쓰지 않도록 주의하세요.

 바르게 따라 써 보세요.

냄	비	에		김	치	찌	개	를		끓

이	고		있	습	니	다	.			

 아래 칸에 맞춰 써 보세요.

냄비에 찌개를 끓인다.

냄비에 찌개를 끓인다.

이럴 때 이렇게!

- 냄비에 물을 넣고 끓였습니다.
- 연말이면 거리에서 자선냄비를 볼 수 있어요.

19 넓다(O) 널다(X)

넓다는 [널따]라고 읽어요. 흔히 [넙따]라고 읽는데 잘못된 발음이에요.
'넓어 / 넓으니 / 넓고'로 쓰입니다.

비슷한 표현 꽤 넓다는 뜻의 '널따랗다'는 '넓다'에서 나온 말로, '널따랗다 / 널따란'이 표준어예요.

 바르게 따라 써 보세요.

우	리		학	교	는		운	동	장	이 ∨
우	리		학	교	는		운	동	장	이

넓	어	요	.
넓	어	요	.

 아래 칸에 맞춰 써 보세요.

운동장이 넓다.

운동장이 넓다.

이럴 때 이렇게!

- 넓은 바다를 보니 마음까지 시원해졌다.
- 아저씨는 널따란 판자로 책상을 만드셨습니다.

20 네가(O) 너가/니가(X)

상대를 가리키는 말로 대화할 때 '너가', '니가'라고 쓰기도 하는데,
이는 잘못된 표현이에요. '네가'라고 쓰고 [네가]라고 발음해야 해요.

 바르게 따라 써 보세요.

네	가		준		선	물	은		고	맙
네	가		준		선	물	은		고	맙

게		받	았	어	.
게		받	았	어	.

 아래 칸에 맞춰 써 보세요.

네가 준 선물

네가 준 선물

> **이럴 때 이렇게!**
> - 이번에는 네가 술래를 할 차례야.
> - 네가 하고 싶은 대로 해도 좋아.

21 눈살(O) 눈쌀(X)

'눈살'은 두 눈썹 사이에 잡히는 주름을 말하며,
'눈쌀'로 잘못 쓰는 경우가 많아요.

 비슷한 표현 'ㄲ'과 'ㅆ'으로 발음되는 낱말로 '눈곱', '눈썹'이 맞는 표현이에요.

바르게 따라 써 보세요.

| 선 | 생 | 님 | 은 | | 눈 | 살 | 을 | | 찌 | 푸 |

| 리 | 셨 | 습 | 니 | 다 | . |

아래 칸에 맞춰 써 보세요.

눈살을 찌푸렸다.

눈살을 찌푸렸다.

이럴 때 이렇게!

- 공공장소에서 예의 없는 행동은 사람들의 눈살을 찌푸리게 한다.
- 엄마는 못마땅한 듯 눈살을 찌푸리셨다.

22 늑장(O) 늦장(O)

느릿느릿 꾸물거리는 태도를 뜻하는 말로, '늑장'과 '늦장' 모두 표준어예요.
이처럼 둘 다 표준어로 인정하는 것을 '복수 표준어'라고 해요.

 **비슷한 표현** 복수 표준어로 '막대기 / 막대', '노을 / 놀', 대답할 때 쓰는 '네 / 예' 등이 있어요.

👧 **바르게 따라 써 보세요.**

아	침	에		늑	장	을		부	리	다 ∨

학	교	에		늦	었	어	요	.		

👧 **아래 칸에 맞춰 써 보세요.**

늦장을 부리다 늦었다.

늦장을 부리다 늦었다.

 이럴 때 이렇게!

- 늑장을 부리는 바람에 약속 시간에 늦었다.
- 늑장 대처로 사고가 더 커졌습니다.

23 다행히(O) 다행이(X)

'다행하다', '조용하다', '용감하다'처럼 '-하다'를 붙여서 말이 되면
'-히'를 붙여서 '다행히', '조용히', '용감히'가 됩니다.

 단, '깨끗이', '뚜렷이'처럼 앞 낱말의 받침이 'ㅅ'으로 끝나면 '이'를 써요.

 바르게 따라 써 보세요.

| 다 | 행 | 히 | | 비 | 가 | | 그 | 쳐 | 서 | |

| 여 | 행 | 을 | | 갈 | | 수 | | 있 | 었 | 다. |

아래 칸에 맞춰 써 보세요.

다행히 비가 그쳤다.

다행히 비가 그쳤다.

이럴 때 이렇게!

· 사고가 났는데 다행히 사람은 다치지 않았어요.

· 할아버지는 다행히 이튿날 회복하셨습니다.

24 돌(O) 돐(X)

'돌'은 어린아이가 태어난 날로부터 한 해가 되는 날이에요.
과거에는 '돐'로 쓰기도 했지만, 현재는 '돌'이 표준어입니다.

 바르게 따라 써 보세요.

돌	잔	치	에		손	님	을		많	이 ∨
돌	잔	치	에		손	님	을		많	이

초	대	했	어	요	.
초	대	했	어	요	.

 아래 칸에 맞춰 써 보세요.

돌잔치 손님

돌잔치 손님

이럴 때 이렇게!

· 오늘은 내 동생이 두 돌 되는 날이에요.
· 돌잔치 때는 상 위에 실타래, 돈, 책 등을 올려놓고 돌잡이를 해요.

떡볶이(O) 떡볶기/떡복기(X)

떡볶이는 떡에 여러 가지 채소와 양념을 넣어 볶은 음식이에요.
[떡뽀끼]라고 읽으며, 소리 나는 대로 쓰지 않도록 주의해야 해요.

 바르게 따라 써 보세요.

친	구	들	과		간	식	으	로		떡
친	구	들	과		간	식	으	로		떡

볶	이	를		먹	었	습	니	다	.
볶	이	를		먹	었	습	니	다	.

 아래 칸에 맞춰 써 보세요.

떡볶이를 먹었다.
떡볶이를 먹었다.

이럴 때 이렇게!

· 하굣길에 친구들과 떡볶이를 사 먹었어요.
· 떡볶이는 맵지만 맛있습니다.

26 만날(O) 맨날(O)

'만날 / 맨날'은 매일같이 계속한다는 뜻이에요.
과거에는 '만날'만 표준어로 인정했으나, 실제 사람들이 많이 사용하는
'맨날'도 표준어가 되었습니다.

 **바르게 따라 써 보세요.**

농	부	는		만	날		논	밭	에	
농	부	는		만	날		논	밭	에	

나	가	서		일	합	니	다	.		
나	가	서		일	합	니	다	.		

 아래 칸에 맞춰 써 보세요.

농부는 맨날 일한다.

농부는 맨날 일한다.

이럴 때 이렇게!

· 다음 주가 시험인데 만날 놀기만 해요.
· 엄마는 맨날 같은 이야기만 하신다.

27 며칠(O) 몇 일(X)

'며칠'은 그 달의 몇째 되는 날을 뜻하며, '몇 일'이라는 말은 쓰지 않아요.
'며칠 동안 / 며칠 밤 / 며칠째' 등으로 쓰여요.

바르게 따라 써 보세요.

비	가		며	칠		동	안		계	속	∨
비	가		며	칠		동	안		계	속	

내	렸	습	니	다	.
내	렸	습	니	다	.

아래 칸에 맞춰 써 보세요.

비가 며칠 동안 내렸다.

비가 며칠 동안 내렸다.

이럴 때 이렇게!

· 오늘이 몇 월 며칠이지?

· 친구는 아파서 며칠째 학교에 나오지 못했다.

28 바람(O) 바램(X)

'바람'은 어떤 일이 생각한 대로 이루어지기를 원한다는 뜻이에요.
'바람 / 바라다 / 바라'로 쓰입니다.

비슷한 표현 자라다는 뜻의 '자람'도 '자램'으로 쓰지 않고 '자람 / 자라다 / 자라'로 적어야 해요.

 바르게 따라 써 보세요.

친	구	가		다	시		돌	아	오	기
친	구	가		다	시		돌	아	오	기

를		바	랐	다	.					
를		바	랐	다	.					

아래 칸에 맞춰 써 보세요.

다시 돌아오기를 바랐다.

다시 돌아오기를 바랐다.

이럴 때 이렇게!

· 내 바람이 드디어 이루어졌어요.

· 생일에 장난감을 선물 받기를 바랐어요.

방귀(O) 방구(X)

'방귀'를 몸 밖으로 내보내는 것을 '뀌다'라고 해요.
'방구를 뀌다'로 쓰지 않도록 주의하세요.

비슷한 표현 '방귀 대장', '콧방귀' 등으로 써야 해요.

 바르게 따라 써 보세요.

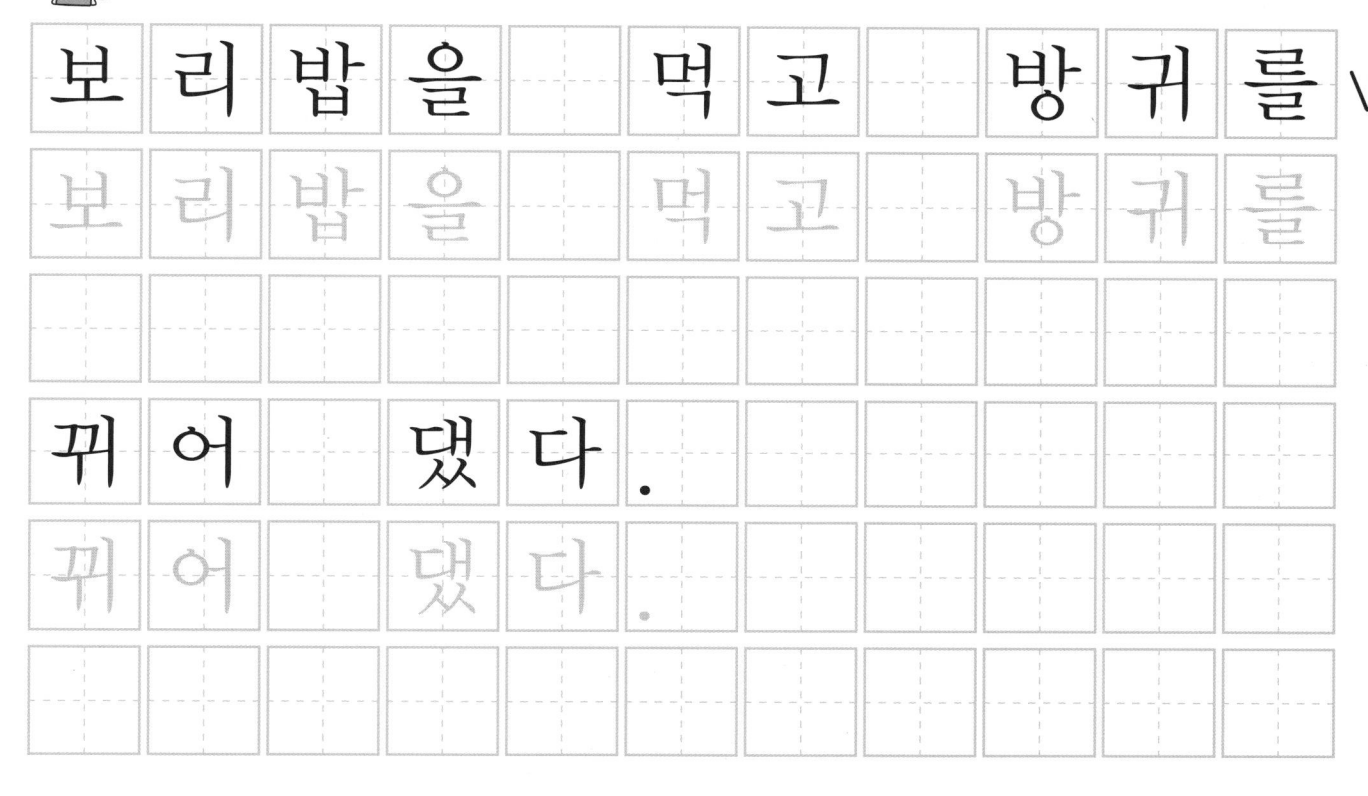

보	리	밥	을		먹	고		방	귀	를	✓
보	리	밥	을		먹	고		방	귀	를	

뀌	어		댔	다	.
뀌	어		댔	다	.

아래 칸에 맞춰 써 보세요.

방귀를 뀌었다.

방귀를 뀌었다.

이럴 때 이렇게!

· 방귀 뀐 놈이 성을 낸다더니!

· 어디선가 방귀 냄새가 났다.

30 베개(O) 벼개(X)

베개는 잠을 자거나 누울 때 머리를 괴는 물건이에요.
'벼개'는 오래전에 썼던 옛말로, 지금은 '베개'가 표준어입니다.

 바르게 따라 써 보세요.

할	머	니	는		높	은		베	개	를	∨
할	머	니	는		높	은		베	개	를	

베	고		주	무	십	니	다	.
베	고		주	무	십	니	다	.

 아래 칸에 맞춰 써 보세요.

베개를 베고 주무신다.

베개를 베고 주무신다.

이럴 때 이렇게!

· 내 베개에는 예쁜 꽃무늬가 있어요.

· 엄마의 무릎을 베개 삼아 잠이 들었다.

31 베다(O) 비다(X)

날카로운 도구에 상처가 났을 때는 '-에 베다'라고 써요.
나무나 풀을 자르는 것도 '베다'입니다.

 바르게 따라 써 보세요.

무	를		썰	다	가		손	가	락	을 ✓
무	를		썰	다	가		손	가	락	을

베	었	어	요	.						
베	었	어	요	.						

 아래 칸에 맞춰 써 보세요.

손가락을 베었다.
손가락을 베었다.

이럴 때 이렇게!

- 사과는 통째로 들고 베어 먹는 게 맛있어요!
- 나무를 베어서 땔감을 만들었다.

32 빨간색(O) 빨강색(✗)

'빨강, 노랑, 파랑', '빨간색, 노란색, 파란색'이 맞는 표현이에요.
'빨강'은 빨간 빛깔이나 물감을 뜻하므로 '색'을 붙이지 않습니다.

👧 바르게 따라 써 보세요.

빨	간	색	에		흰	색	을		섞	으
빨	간	색	에		흰	색	을		섞	으

면		분	홍	색	이		됩	니	다	.
면		분	홍	색	이		됩	니	다	.

👦 아래 칸에 맞춰 써 보세요.

빨간색, 흰색, 분홍색

빨간색, 흰색, 분홍색

이럴 때 이렇게!

· 지붕을 빨간색으로 칠했어요.
· 텃밭에 빨간 고추가 열렸습니다.

33 살코기(O) 살고기(X)

살코기는 기름기나 뼈를 발라낸 순 살로만 된 고기를 말해요.
'살'과 '고기'가 합쳐져 만들어진 합성어로 '살코기'로 적습니다.

 바르게 따라 써 보세요.

"	살	코	기	로		한		근		주
"	살	코	기	로		한		근		주
세	요	.	"	라	고		말	했	다	.
세	요	.	"	라	고		말	했	다	.

 아래 칸에 맞춰 써 보세요.

살코기로 주세요.

살코기로 주세요.

이럴 때 이렇게!

· 나는 연한 살코기 요리를 좋아해요.
· 순 살코기로 만든 닭튀김을 맛있게 먹었습니다.

34 생쥐(O) 새앙쥐(X)

원래 '새앙쥐'가 본말이고 이를 줄여서 '생쥐'라고 했어요.
그런데 사람들이 '생쥐'를 더 자주 쓰면서 준말인 '생쥐'가
표준어가 되었습니다.

 바르게 따라 써 보세요.

| 고 | 양 | 이 | 가 | | 생 | 쥐 | 를 | | 쫓 | 아 |

| 가 | 요 | . | | | | | | | | |

 아래 칸에 맞춰 써 보세요.

생쥐를 쫓다.

생쥐를 쫓다.

이럴 때 이렇게!

· 곳간으로 생쥐가 쪼르르 들어갔어요.
· 갑자기 비가 내려 물에 빠진 생쥐 꼴이 됐다.

35 소꿉놀이(O) 소꼽놀이(X)

소꿉놀이의 '소꿉'은 아이들이 살림살이하는 것을 흉내 내며 놀 때 쓰는 장난감을 말해요. '소꼽놀이'는 잘못된 표현이에요.

비슷한 표현 어릴 때 소꿉놀이를 하며 같이 놀던 친구를 '소꿉친구'라고 해요.

 바르게 따라 써 보세요.

아	이	들	이		놀	이	터	에	서	
아	이	들	이		놀	이	터	에	서	

소	꿉	놀	이	를		합	니	다	.	
소	꿉	놀	이	를		합	니	다	.	

 아래 칸에 맞춰 써 보세요.

소꿉놀이를 한다.

소꿉놀이를 한다.

이럴 때 이렇게!

· 동생과 함께 재미있게 소꿉놀이를 했어요.

· 두 사람은 같은 동네에서 자란 소꿉친구예요.

36 쇠고기(O) 소고기(O)

'쇠'는 '소의'를 줄인 말로, 소의 고기, 소가 가지고 있는 것을 뜻해요.
처음에는 '쇠고기', '쇠뿔', '쇠머리' 등으로 쓰다가, 사람들이 '소고기', '소뿔',
'소머리' 등으로 자주 써서 두 가지 모두 표준어로 인정했어요.

 바르게 따라 써 보세요.

정	육	점	에	서		쇠	고	기		한 ∨
정	육	점	에	서		쇠	고	기		한

근	을		사		왔	다	.
근	을		사		왔	다	.

아래 칸에 맞춰 써 보세요.

소고기를 사 왔다.

소고기를 사 왔다.

이럴 때 이렇게!

· 쇠고기와 야채를 맛있게 구워 먹었어요.
· 간장에 소고기를 넣고 조리면 장조림이 돼요.

싫증(O) 실증(X)

싫은 생각이나 느낌을 말할 때는 '싫증'이 맞는 표현이에요.
발음이 비슷해서 혼동될 때는 '싫다'라는 단어를 떠올리면 쉽게 구분할 수 있어요.

비슷한 표현 '실증'은 확실한 증거나 사실을 뜻하는 말이기도 해요.

 바르게 따라 써 보세요.

영	화	는		여	러		번		봐	도 ∨
영	화	는		여	러		번		봐	도

싫	증		나	지		않	아	요	.	
싫	증		나	지		않	아	요	.	

 아래 칸에 맞춰 써 보세요.

싫증 나지 않다.

싫증 나지 않다.

이럴 때 이렇게!

- 동생은 잘 가지고 놀던 장난감에 싫증을 냈다.
- 나는 매일 하던 일에 싫증이 났습니다.

38 아기(O) 애기(X)

아기는 어린 젖먹이 아이를 뜻하며, '애기'는 틀린 표현이에요.
아기를 부를 때 쓰는 또 다른 말인 '아가', 아이의 준말인 '애'는 표준어이지만,
흔히 쓰는 '우리 애기'는 '우리 아기'로 고쳐 써야 해요.

 바르게 따라 써 보세요.

아	기	가		엄	마	를		보	고
아	기	가		엄	마	를		보	고

활	짝		웃	어	요	.			
활	짝		웃	어	요	.			

 아래 칸에 맞춰 써 보세요.

아기가 웃다.

아기가 웃다.

이럴 때 이렇게!

· 아기가 아장아장 걸음마를 해요.
· 우리 아기는 태어난 지 한 달밖에 안 되었어요.

'안 돼'는 '안 되어'가 줄어서 된 말이에요.
'안 되어 / 안 되어요 / 안 돼 / 안 돼요'라고 써야 해요.

 바르게 따라 써 보세요.

버	스		안	에	서	는		시	끄	럽
버	스		안	에	서	는		시	끄	럽

게		떠	들	면		안		돼	요	.
게		떠	들	면		안		돼	요	.

 아래 칸에 맞춰 써 보세요.

떠들면 안 돼요.

떠들면 안 돼요.

이럴 때 이렇게!

- 용돈을 그렇게 함부로 쓰면 안 돼요.
- 전학을 온 지 며칠밖에 안 돼 학교가 익숙하지 않아요.

40 어떡해(O) 어떻해(X)

'어떡해'는 '어떻게 해'가 줄어서 된 말로,
'어떡해 / 어떡하면 / 어떡하지'라고 씁니다.
'어떻해'는 틀린 표현이고 '어떡해 / 어떻게'가 맞는 표현이에요.

 바르게 따라 써 보세요.

친	구	들	끼	리		싸	우	면		어
친	구	들	끼	리		싸	우	면		어

떡	해	?
떡	해	?

 **아래 칸에 맞춰 써 보세요.**

싸우면 어떡해?

싸우면 어떡해?

이럴 때 이렇게!

· 수업 시간에 자꾸 졸면 어떡해?

· 공으로 창문을 깨뜨렸으니 어떡하지?

41 얼마큼(O) 얼만큼(X)

'얼마큼'은 '얼마만큼'이 줄어서 된 말이에요.
'얼만큼'으로 잘못 쓰지 않도록 주의하세요.

 바르게 따라 써 보세요.

"	엄	마	를		얼	마	큼		사	랑
"	엄	마	를		얼	마	큼		사	랑

해	?	"		라	고		물	었	다	.
해	?	"		라	고		물	었	다	.

 아래 칸에 맞춰 써 보세요.

얼마큼 사랑해?

얼마큼 사랑해?

이럴 때 이렇게!

· 책 내용에 대해 **얼마큼** 알고 있나요?

· 길을 따라 **얼마큼** 걷자 마을이 나타났다.

42 예쁘다(O) 이쁘다(O)

예전에는 '예쁘다'만 표준어로 인정하고
입말로 쓰는 '이쁘다'는 잘못된 표현이었는데
같은 뜻으로 널리 쓰이면서 '이쁘다'도 표준어로 인정되었어요.

바르게 따라 써 보세요.

너	는		웃	을		때	가		참	
너	는		웃	을		때	가		참	

예	뻐	!
예	뻐	!

아래 칸에 맞춰 써 보세요.

웃을 때가 이쁘다.

웃을 때가 이쁘다.

이럴 때 이렇게!
· 내 친구는 인형처럼 예뻐요.
· 화단에 이쁜 꽃이 피었습니다.

43 오뚝이(O) 오뚜기(X)

'오뚝'은 작은 물건이 높이 솟아 있는 모양이나
갑자기 발딱 일어나는 모양을 나타내요.
장난감도 '오뚝이'가 맞고, '코가 오뚝하다'라고 써야 해요.

 바르게 따라 써 보세요.

| 오 | 뚝 | 이 | 를 | | 굴 | 리 | 면 | | 쓰 | 러 |

| 졌 | 다 | 가 | | 다 | 시 | | 일 | 어 | 나 | 요. |

아래 칸에 맞춰 써 보세요.

오뚝이를 굴리다.

오뚝이를 굴리다.

이럴 때 이렇게!

· 실망하지 말고 오뚝이처럼 일어나서 다시 시작해!

· 코는 오뚝하고 입은 자그마하니 귀엽다.

오랫동안/오랜만에(O) 오랫만에(X)

'오랫동안'은 '오래'에 '동안'이 더해진 말이고,
'오랜만'은 '오래간만'이 줄어든 말이에요.

 '오랜동안', '오랫만', '오랫만에'라고 쓰지 않도록 주의하세요.

 바르게 따라 써 보세요.

오	랫	동	안		갈	고		닦	은	
오	랫	동	안		갈	고		닦	은	

실	력	을		발	휘	해		봐	!	
실	력	을		발	휘	해		봐	!	

아래 칸에 맞춰 써 보세요.

오랫동안 갈고 닦은 실력

오랫동안 갈고 닦은 실력

이럴 때 이렇게!

· 내 방은 오랫동안 청소하지 않아서 지저분해요.

· 오랜만에 산에 오르니 기분이 상쾌해졌어요.

45 우리나라(O) 저희 나라(X)

상대방에게 자신을 낮출 때 '저희'라고 표현해요.
다른 나라 사람에게 '저희 나라'라고 하면 우리나라와 사람을
모두 낮추는 말이 되므로 '우리나라'라고 써야 해요.

 바르게 따라 써 보세요.

우	리	나	라		꽃	은		무	궁	화
우	리	나	라		꽃	은		무	궁	화

입	니	다	.
입	니	다	.

 아래 칸에 맞춰 써 보세요.

우리나라 꽃

우리나라 꽃

이럴 때 이렇게!

· 우리나라는 사계절이 뚜렷해요.

· 독도는 우리나라 땅이에요.

46 자장면(O) 짜장면(O)

과거에는 '자장면'만 표준어로 인정했으나,
현재는 사람들이 자주 쓰는 '짜장면'도 복수 표준어로 인정합니다.

 바르게 따라 써 보세요.

자	장	면		두		그	릇	과		탕
자	장	면		두		그	릇	과		탕

수	육	을		시	켰	어	요	.		
수	육	을		시	켰	어	요	.		

아래 칸에 맞춰 써 보세요.

짜장면을 시켰다.

짜장면을 시켰다.

이럴 때 이렇게!

· 점심 때 자장면을 시켜서 먹었어요.
· 짜장면 한 그릇을 후다닥 먹어 치웠습니다.

찌개(O) 찌게(X)

뚝배기나 냄비에 국물을 자작하게 해서 양념을 넣어 끓인 반찬을 '찌개'라고 해요.
음식점에 가면 간혹 '-찌게'라고 잘못 표기된 것을 볼 수 있어요.

 바르게 따라 써 보세요.

엄	마	가		끓	여		주	신		된
엄	마	가		끓	여		주	신		된
장	찌	개	가		맛	있	습	니	다	.
장	찌	개	가		맛	있	습	니	다	.

 아래 칸에 맞춰 써 보세요.

된장찌개가 맛있다.

된장찌개가 맛있다.

이럴 때 이렇게!

- 아빠는 김치찌개를 맛있게 드셨습니다.
- 찌개 국물이 뜨거워서 식혀서 먹었다.

48 창피(O) 챙피(X)

'창피'는 체면이 깎이는 일을 당하거나 그에 대한 부끄러움을 뜻해요.
자연스럽게 발음되는 '챙피하다'로 쓰기도 하는데 이는 틀린 표현이에요.

 **바르게 따라 써 보세요.**

| 너 | 무 | | 창 | 피 | 해 | 서 | | 얼 | 른 | |
| 너 | 무 | | 창 | 피 | 해 | 서 | | 얼 | 른 | |

| 자 | 리 | 에 | 서 | | 일 | 어 | 났 | 어 | 요 | . |
| 자 | 리 | 에 | 서 | | 일 | 어 | 났 | 어 | 요 | . |

 아래 칸에 맞춰 써 보세요.

창피해서 일어났다.

창피해서 일어났다.

이럴 때 이렇게!

· 길에 휴지를 버리는 것은 부끄럽고 창피한 행동이야.
· 부모님께 성적표를 보여 드리기 창피했다.

49 천장(O) 천정(X)

천장은 지붕의 안쪽을 뜻하는 말이에요. 본래 '천정'의 한자어에서 온 말이지만,
사람들이 널리 쓰는 '천장'이 표준어가 되었어요.

비슷한 표현 '호두'도 '호도'라는 한자어에서 온 말로, 지금은 '호두'가 표준어예요.

 바르게 따라 써 보세요.

천	장	이		높	아	서		키	가	
천	장	이		높	아	서		키	가	
닿	지		않	는	다	.				
닿	지		않	는	다	.				

아래 칸에 맞춰 써 보세요.

천장이 높다.

천장이 높다.

이럴 때 이렇게!

· 천장에 있는 형광등 불빛이 밝다.

· 누워서 천장을 올려다보았습니다.

50 해님(O) 햇님(X)

'해님'은 해를 높이거나 다정하게 부르는 말이에요.
'달님', '별님', '토끼님'처럼 앞말에 '-님'이 붙어서 만들어진 말입니다.

 **바르게 따라 써 보세요.**

해	님	이		방	긋		웃	으	며
해	님	이		방	긋		웃	으	며

인	사	해	요	.
인	사	해	요	.

 아래 칸에 맞춰 써 보세요.

해님이 웃다.

해님이 웃다.

이럴 때 이렇게!

· 날이 어둑어둑해지자 해님이 숨었어요.

· 해님과 달님 이야기를 들려줄까?

1 아래 글을 읽고, 알맞은 낱말에 ○표 하세요.

1) 하늘이 흐려서 비가 올 것 (같아 / 같애).

2) 먼저 숙제를 하자. (그리고 나서 / 그러고 나서) 놀자.

3) 토끼가 풀밭을 (깡충깡충 / 깡총깡총) 뛰어갑니다.

4) 내 방은 내가 (깨끗히 / 깨끗이) 청소해요.

5) 비가 (몇 일 / 며칠) 동안 계속 내렸습니다.

6) 동생과 함께 재미있게 (소꿉놀이 / 소꼽놀이)를
   했어요.

7) (아기 / 애기)가 아장아장 걸음마를 해요.

8) 버스 안에서는 시끄럽게 떠들면 (안 되요 / 안 돼요).

9) (오랫만에 / 오랜만에) 산에 오르니 기분이
   상쾌해졌어요.

10) 엄마가 끓여 주신 (된장찌개 / 된장찌게)가
    맛있습니다.

2 아래 낱말로 짧은 글짓기를 해 보세요.

1) 가게 :

2) 떡볶이 :

3) 베다 :

4) 오랫동안 :

5) 우리나라 :

3 다음 글에서 잘못 쓴 낱말을 찾아 고쳐 보세요.

동물원

오늘은 동물원으로 현장 학습을 갔다.

엄마가 싸 주신 도시락을 맛있게 먹었다.

그리고 나서 동물원을 구경했다.

사자와 호랑이도 보고 목이 길다란 기린도 보았다.

토끼도 깡총깡총 뛰어 다녔다.

시간이 금새 지나 돌아갈 시간이 되었다.

다음에 엄마, 아빠와 다시 동물원에 오고 싶다.

51 가르치다/가리키다

'가르치다'는 정보나 지식 등 모르는 것을 알게 해 준다는 뜻이고,
'가리키다'는 손가락 등으로 방향이나 대상을 집어 보이는 것을 말해요.

 잘못된 표현인 가르키다(×)로 쓰지 않도록 주의하세요.

 바르게 따라 써 보세요.

선	생	님	은		우	리	에	게		공
선	생	님	은		우	리	에	게		공

부	를		가	르	칩	니	다	.
부	를		가	르	칩	니	다	.

아래 칸에 맞춰 써 보세요.

선생님이 칠판을 가리킵니다.

선생님이 칠판을 가리킵니다.

이럴 때 이렇게!

· 선생님이 피아노를 가르쳐 주셨어요.

· 동생은 산 너머에 뜬 무지개를 손으로 가리켰어요.

갖다/가지다

'갖다'는 '가지다'의 준말로, '갖고 / 갖지'로 쓰여요.
'갖으니 / 갖은 / 갖어서 / 갖으려고'는 틀린 표현이며,
'가지니 / 가진 / 가져서 / 가지려고' 등으로 써야 합니다.

 **바르게 따라 써 보세요.**

다	들		바	빠	서		이	번		모
다	들		바	빠	서		이	번		모

임	은		갖	지		못	했	다	.
임	은		갖	지		못	했	다	.

 아래 칸에 맞춰 써 보세요.

내가 가진 돈은 이천 원뿐이다.

내가 가진 돈은 이천 원뿐이다.

이럴 때 이렇게!

· 이 책은 내가 갖고, 저 책은 네가 가져라.

· 장난감을 서로 가지려고 싸우면 어떡해?

53 그러므로/그럼으로

'그러므로'는 앞의 내용이 뒤의 내용의 이유나 원인이 될 때 쓰며,
'그럼으로'는 '그렇게 함으로써', '그런 수단을 가지고'의 뜻이 있어요.

 '그럼으로'에는 '-써'가 붙을 수 있고, '그러므로'에는 붙을 수 없습니다.

 바르게 따라 써 보세요.

나	는		생	각	한	다	.		그	러	므
나	는		생	각	한	다	.		그	러	므

로		존	재	한	다	.
로		존	재	한	다	.

아래 칸에 맞춰 써 보세요.

열심히 운동했다. 그럼으로 건강해졌다.

열심히 운동했다. 그럼으로 건강해졌다.

이럴 때 이렇게!

· 친한 친구와 헤어졌다. 그러므로 외롭다.

· 매일 청소를 했다. 그럼으로써 엄마께 용서를 구했다.

54 껍데기/껍질

'껍데기'는 달걀이나 조개 같은 것의 겉을 싸고 있는 단단한 물질을 말하며,
'껍질'은 과일처럼 딱딱하지 않은 물체의 겉을 싸고 있는 겉껍질을 말해요.

 바르게 따라 써 보세요.

바	닷	가	에	서		조	개	껍	데	기
바	닷	가	에	서		조	개	껍	데	기

를		주	웠	어	요	.
를		주	웠	어	요	.

아래 칸에 맞춰 써 보세요.

양파 껍질을 벗겨 주세요.

양파 껍질을 벗겨 주세요.

이럴 때 이렇게!

· 삶은 달걀의 껍데기를 벗겼어요.

· 사과는 껍질을 벗겨서 먹으면 맛있어요.

55 꼬리/꽁지

'꼬리'는 동물의 몸뚱이 끝에 붙어서 나와 있는 부분이며,
'꽁지'는 새의 꽁무니에 붙은 깃을 말합니다.

 바르게 따라 써 보세요.

강	아	지	가		주	인	을		보	고 ∨
강	아	지	가		주	인	을		보	고

꼬	리	를		흔	들	어	요	.
꼬	리	를		흔	들	어	요	.

 아래 칸에 맞춰 써 보세요.

비둘기의 꽁지가 숭숭 빠져 있다.

비둘기의 꽁지가 숭숭 빠져 있다.

이럴 때 이렇게!

· 엄마는 생선의 꼬리를 자른 뒤 요리를 하셨어요.
· 공작이 꽁지를 펼쳐 화려한 모습을 뽐내요.

날다/나르다

'날다'는 공중을 움직이는 것을 뜻하며, '날아 / 나는 / 나니'로 쓰여요.
'나르다'는 물건을 다른 곳으로 옮기는 것을 말하며,
'날라 / 나르는 / 나르니'로 쓰입니다.

 바르게 따라 써 보세요.

잠	자	리	가		하	늘	을		날	아
잠	자	리	가		하	늘	을		날	아

다	닙	니	다	.
다	닙	니	다	.

 아래 칸에 맞춰 써 보세요.

차로 이삿짐을 실어 날랐어요.

차로 이삿짐을 실어 날랐어요.

이럴 때 이렇게!

- 하늘을 나는 비행기의 조종사가 될 거예요.
- 음식을 상으로 나르는 것을 도왔어요.

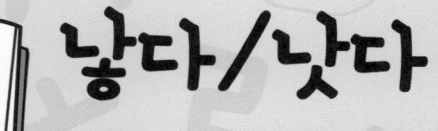

57 낳다/낫다

'낳다'는 아기나 새끼를 몸 밖으로 내놓는 것을 뜻해요.
'낫다'는 병이 고쳐지거나, 어떤 것보다 더 좋다는 말이에요.

주의 '낳다'는 '사랑은 기적을 낳는다.' 처럼 새로운 결과를 가져올 때도 쓰여요.

 바르게 따라 써 보세요.

이	모	가		쌍	둥	이	를		낳	았
이	모	가		쌍	둥	이	를		낳	았

습	니	다	.
습	니	다	.

 아래 칸에 맞춰 써 보세요.

감기가 잘 낫지 않아요.

감기가 잘 낫지 않아요.

이럴 때 이렇게!

- 우리 집 개가 낳은 새끼가 일곱 마리예요.
- 할아버지는 병이 다 나아서 퇴원하셨어요.

58 넘어/너머

'넘어'는 높은 곳의 위를 지난다는 뜻으로 동작을 나타내며,
'너머'는 가로막은 사물의 저쪽 공간을 가리켜요.
쉽게 구분하는 방법은 직접 넘는 동작이 들어가는 뜻에 '넘어'를 쓰면 됩니다.

 바르게 따라 써 보세요.

학	교	에		가	려	면		산	을	
학	교	에		가	려	면		산	을	
넘	어		가	야		한	다	.		
넘	어		가	야		한	다	.		

아래 칸에 맞춰 써 보세요.

산 너머에 마을이 있어요.

산 너머에 마을이 있어요.

이럴 때 이렇게!

· 대문 열쇠가 없어서 담을 넘어 들어왔어요.

· 창문 너머로 쏟아지는 빗줄기가 보입니다.

59 너비/넓이

'너비'는 평면이나 넓은 물체의 가로로 건너지른 거리를 뜻하며,
'넓이'는 일정한 평면에 걸쳐 있는 공간이나 범위의 크기를 가리켜요.
즉 '너비'는 가로 길이나 폭을 말하고, '넓이'는 면적의 개념이지요.

 바르게 따라 써 보세요.

| 강 | 의 | | 너 | 비 | 가 | | 30 | 미 | 터 | 나 | ✓ |

| 강 | 의 | | 너 | 비 | 가 | | 30 | 미 | 터 | 나 | |

| 됩 | 니 | 다 | . |

| 됩 | 니 | 다 | . |

 아래 칸에 맞춰 써 보세요.

정사각형의 넓이를 구해 보세요.

정사각형의 넓이를 구해 보세요.

이럴 때 이렇게!

· 발을 어깨너비만큼 벌리고 서 있다.
· 방 넓이가 두 사람이 겨우 누울 정도로 좁다.

60 늘이다/늘리다

'늘이다'는 본디보다 더 길게 하다는 뜻이며, '늘리다'는 물체의 길이나
넓이, 부피 등을 늘게 하다는 뜻이에요. 예컨대 고무줄처럼 잡아당겨서
길게 하는 것은 '늘이다'를 쓰고, 수와 능력, 시간 등에는 '늘리다'를 씁니다.

 바르게 따라 써 보세요.

거	미	줄	이		바	람	에		늘	어
거	미	줄	이		바	람	에		늘	어

져		흔	들	렸	습	니	다	.
져		흔	들	렸	습	니	다	.

 아래 칸에 맞춰 써 보세요.

학생 수를 늘려야 해요.

학생 수를 늘려야 해요.

이럴 때 이렇게!

- 엿가락을 길게 늘여서 먹어요.
- 실력을 더욱 늘려서 다음 시험은 잘 봐야지!

61 다르다/틀리다

'다르다'는 비교가 되는 두 대상이 서로 같지 않다는 뜻이고,
'틀리다'는 셈이나 사실이 맞지 않을 때 쓰는 말이에요.
즉 같지 않을 때는 '다르다', 맞지 않을 때는 '틀리다'를 쓰면 됩니다.

 바르게 따라 써 보세요.

둘	은		친	한		친	구	이	지	만	∨
둘	은		친	한		친	구	이	지	만	

성	격	이		달	라	요	.				
성	격	이		달	라	요	.				

 아래 칸에 맞춰 써 보세요.

계산이 틀렸어요.

계산이 틀렸어요.

이럴 때 이렇게!

· 쌍둥이인데 얼굴만 같고 성격이 많이 달라요.

· 쉬운 시험 문제도 틀렸어요.

62 다치다/닿히다

'다치다'는 부딪치거나 맞아서 몸에 상처를 입은 것을 말하고,
'닿히다'는 문과 서랍 등이 닫아지는 것을 뜻해요.

 바르게 따라 써 보세요.

길	에	서		넘	어	져		무	릎	을	∨
길	에	서		넘	어	져		무	릎	을	

다	쳤	습	니	다	.
다	쳤	습	니	다	.

 아래 칸에 맞춰 써 보세요.

뚜껑이 닫혀 있어요.

뚜껑이 닫혀 있어요.

이럴 때 이렇게!

· 어젯밤 교통사고로 사람들이 다쳤어요.
· 창문이 바람에 닫혔습니다.

63 -대로/-데로

'-대로'는 어떤 상태나 행동이 나타나는 즉시라는 뜻이며,
'-데로'는 '곳, 장소, 일, 것, 경우' 등을 나타내요.

 바르게 따라 써 보세요.

본		대	로	,	느	낀		대	로	
본		대	로	,	느	낀		대	로	

따	라		해		봐	!				
따	라		해		봐	!				

 아래 칸에 맞춰 써 보세요.

물은 높은 데서 낮은 데로 흐른다.
물은 높은 데서 낮은 데로 흐른다.

이럴 때 이렇게!

- 집에 오는 대로 숙제를 먼저 해야 해.
- 하던 일을 그만두고 다른 데로 갔다.

-던지/-든지

'-던지'는 과거의 일을 다시 말할 때 쓰며, '-든지'는 여러 개 중 어떤 것을 선택할 때 써요. 발음이 비슷하여 혼동하기 쉬운데 서로 다른 뜻을 가지고 있으니 주의해서 사용하세요.

 바르게 따라 써 보세요.

밥	을		너	무		많	이		먹	었
밥	을		너	무		많	이		먹	었

던	지		배	탈	이		났	어	요	.
던	지		배	탈	이		났	어	요	.

 아래 칸에 맞춰 써 보세요.

사과든지 배든지 다 좋아.

사과든지 배든지 다 좋아.

이럴 때 이렇게!

· 얼마나 춥던지 입까지 꽁꽁 얼었어.

· 공부를 하든지 놀든지 네 마음대로 해.

65 두껍다/두텁다

'두껍다'는 두께가 보통보다 크다는 뜻이며,
'두텁다'는 믿음, 관계, 인정 따위가 굳고 깊다는 뜻이에요.

 바르게 따라 써 보세요.

오	늘	은		추	워	서		옷	을	
오	늘	은		추	워	서		옷	을	

두	껍	게		입	었	어	요	.		
두	껍	게		입	었	어	요	.		

 아래 칸에 맞춰 써 보세요.

언니와 나는 우애가 두텁다.
언니와 나는 우애가 두텁다.

이럴 때 이렇게!

- 두꺼운 책은 내용도 어려울 것 같아요.
- 내 친구와는 우정이 두터운 사이예요.

 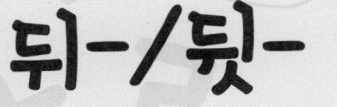

66 뒤-/뒷-

'뒤-'와 '뒷-'은 현재의 방향과 반대되는 쪽이나 곳을 가리켜요.
뒤에 오는 말이 된소리(ㄲ, ㄸ, ㅃ, ㅆ, ㅉ)나 거센소리(ㅋ, ㅌ, ㅍ, ㅊ)로 시작하면
'뒤-'를 쓰고 나머지는 '뒷-'을 써요. '아래-'와 '아랫-', '위-'와 '윗-'도 같습니다.

 **바르게 따라 써 보세요.**

우	리		집		뒤	뜰	에	는		장
우	리		집		뒤	뜰	에	는		장

독	대	가		있	습	니	다	.
독	대	가		있	습	니	다	.

 아래 칸에 맞춰 써 보세요.

뒷산에 올라가 운동을 해요.

뒷산에 올라가 운동을 해요.

이럴 때 이렇게!

· 버스를 타면 친구들과 뒤쪽 자리에 앉는다.
· 뒷모습만 봐서는 누구인지 잘 모르겠어.

67 들렀다/들렸다

'들렀다'는 지나는 길에 잠깐 머무르는 것을 말하며,
'들르다 / 들러서 / 들렀다'로 써요.
'들렸다'는 소리가 들리는 것을 말하고, '들리다 / 들려서 / 들렸다'로 씁니다.

 바르게 따라 써 보세요.

하	굣	길	에		친	구		집	에	
하	굣	길	에		친	구		집	에	

들	렀	다	가		왔	습	니	다	.	
들	렀	다	가		왔	습	니	다	.	

 아래 칸에 맞춰 써 보세요.

음악 소리가 잘 들렸다.

음악 소리가 잘 들렸다.

이럴 때 이렇게!

- 집에 오는 길에 엄마와 함께 시장에 들러서 과일을 샀어요.
- 멀리서 나를 부르는 소리가 들려서 귀를 기울였어.

68 띄다/띠다

'띄다'는 '뜨이다'의 준말로, 눈에 보이다, 들으려고 하다,
간격을 벌어지게 하다는 뜻이에요. '띠다'는 표정이나 감정을 드러내다,
빛깔을 나타내다, 직책과 사명을 가지다는 뜻을 가지고 있어요.

바르게 따라 써 보세요.

귀	가		번	쩍		띄	는		이	야
귀	가		번	쩍		띄	는		이	야

기	를		들	려	줄	까	?
기	를		들	려	줄	까	?

아래 칸에 맞춰 써 보세요.

하늘이 붉은빛을 띠고 있어.

하늘이 붉은빛을 띠고 있어.

이럴 때 이렇게!

· 옷차림이 화려해서 눈에 잘 띈다.

· 너의 미소 띤 얼굴은 참 예쁘다.

69 -로서/-로써

'-로서'는 지위나 자격을 나타낼 때 쓰이며, '-로써'는 재료, 수단, 도구, 방법을 나타낼 때 쓰는 말이에요. 발음이 같아서 혼동해서 쓰는 일이 많으니 주의하세요.

 **바르게 따라 써 보세요.**

| 학 | 생 | 으 | 로 | 서 | | 해 | 야 | | 할 | |
| 일 | 은 | | 스 | 스 | 로 | | 하 | 거 | 라 | . |

 아래 칸에 맞춰 써 보세요.

대화로써 문제를 풀어야 한다.

이럴 때 이렇게!

· 친한 친구로서 충고를 하는 거야.

· 말로써 천 냥 빚을 갚는다는 속담이 있다.

70 맞추다/맞히다

'맞추다'는 제자리에 맞게 붙이거나 서로 다른 것을 비교해 본다는 뜻이에요.
'맞히다'는 문제에 대한 답을 맞게 하거나 화살이나 비 등을 맞게 할 때 쓰여요.

비슷한 표현 '마치다'는 어떤 일이나 과정이 끝난다는 뜻으로 서로 발음이 비슷하니 주의해서 쓰세요.

 바르게 따라 써 보세요.

깨	진		유	리		조	각	을		다
깨	진		유	리		조	각	을		다

시		맞	추	어		붙	였	어	.
시		맞	추	어		붙	였	어	.

 아래 칸에 맞춰 써 보세요.

화살이 과녁을 정확히 맞혔습니다.

화살이 과녁을 정확히 맞혔습니다.

이럴 때 이렇게!

· 색깔별로 줄을 맞추어 퍼즐을 맞춰 보세요.

· 이 문제의 정답을 맞혀 봐!

71 맡다/맞다

'맡다'는 일이나 책임을 넘겨받는다는 뜻과 코로 냄새를 느낀다는 뜻이 있어요.
'맞다'는 틀림이 없다, 어떤 때를 맞이한다는 뜻이에요.

 바르게 따라 써 보세요.

맡	은		일	에	는		최	선	을	
맡	은		일	에	는		최	선	을	
다	해	야		한	다	.				
다	해	야		한	다	.				

아래 칸에 맞춰 써 보세요.

답이 맞는지 다시 확인해 봐.

답이 맞는지 다시 확인해 봐.

이럴 때 이렇게!

· 입으로 맛보고 코로 냄새를 맡아요.

· 듣고 보니 네 말이 맞아.

72 매우/너무

'매우'는 보통보다 훨씬 더함을 뜻하며 '꽤', '아주'와 비슷한 말이에요.
'너무'는 일정한 정도나 한계에 지나치게라는 뜻으로 부정적인 의미를 표현할 때 쓰여요.

 '매우', '아주', '꽤' 등을 써야 할 자리에 '너무'를 잘못 쓰지 않게 주의하세요.

🙂 바르게 따라 써 보세요.

| 시 | 험 | 을 | | 잘 | | 봐 | 서 | | 매 | 우 | ∨ |

| 시 | 험 | 을 | | 잘 | | 봐 | 서 | | 매 | 우 | |

| 기 | 분 | 이 | | 좋 | 아 | 요 | . |

| 기 | 분 | 이 | | 좋 | 아 | 요 | . |

🙂 아래 칸에 맞춰 써 보세요.

너무 먹어서 배탈이 났다.

너무 먹어서 배탈이 났다.

 이럴 때 이렇게!

· 그 친구는 매우 아름답고 착해요.
· 난간에 기대는 것은 너무 위험합니다.

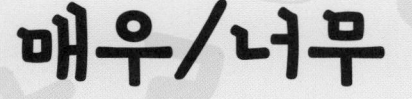

73 무르다/물리다

'무르다'는 굳은 것이 물렁하게 되다는 뜻이고,
'물리다'는 먹었던 것을 다시 먹기 싫게 싫증이 날 때 쓰는 말이에요.

비슷한 표현 '무르다'는 '새로 산 옷을 돈으로 물렀다'처럼 산 물건을 다시 돈으로 되찾는다는 뜻도 있어요.

 바르게 따라 써 보세요.

할	머	니	는		말	랑	말	랑	한	
할	머	니	는		말	랑	말	랑	한	

무	른		음	식	만		드	십	니	다.
무	른		음	식	만		드	십	니	다.

 아래 칸에 맞춰 써 보세요.

라면을 물리도록 먹었다.

라면을 물리도록 먹었다.

이럴 때 이렇게!

· 단감이 물러서 터질 것 같아.
· 맛있는 것도 매일 먹으면 물린다.

74 바꾸다/고치다

'바꾸다'는 원래 있던 것을 없애고 다른 것으로 채운다는 뜻과
상대방에게 어떤 물건을 주고 대신 다른 물건을 받는다는 뜻도 있어요.
'고치다'는 고장 난 것, 틀린 생각을 바로잡을 때 쓰는 말이에요.

바르게 따라 써 보세요.

가 방 이　낡 아 서　새 것 으

로　바 꿨 어 요 .

아래 칸에 맞춰 써 보세요.

시계가 고장 나서 고쳤습니다.

이럴 때 이렇게!

• 친구와 다 본 책을 **바꿔** 읽기로 했어요.
• 잘못된 버릇은 빨리 **고쳐야** 해요.

-박이/-배기

'-박이'는 무엇이 박혀 있는 사람이나 물건을 가리키며,
'-배기' 그 나이를 먹은 아이, 그런 물건이라는 뜻이 있어요.

주의 낱말에 '박다 / 박히다'의 의미가 살아 있으면 '-박이'를 쓰면 됩니다.

 바르게 따라 써 보세요.

달	마	티	안	은		점	박	이		강
달	마	티	안	은		점	박	이		강

아	지	라	고	도		불	립	니	다	.
아	지	라	고	도		불	립	니	다	.

 아래 칸에 맞춰 써 보세요.

두 살배기 내 동생은 말썽꾸러기예요.

두 살배기 내 동생은 말썽꾸러기예요.

이럴 때 이렇게!

- 항상 그 자리에서 빛나는 북극성을 붙박이별이라고 해요.
- 여행을 갈 때는 내용이 충실한 알짜배기 정보를 참고해야 해.

76 반듯이/반드시

'반듯이'는 '반듯하게'라는 뜻이고, '반드시'는 '틀림없이, 꼭'이라는
뜻이 있어요. '반듯이'는 자세나 동작에 많이 쓰는 말이에요.

바르게 따라 써 보세요.

의	자	에		앉	을		때	는		반
의	자	에		앉	을		때	는		반

듯	이		앉	아	야		해	요	.	
듯	이		앉	아	야		해	요	.	

아래 칸에 맞춰 써 보세요.

약속 시간은 반드시 지켜야 한다.

약속 시간은 반드시 지켜야 한다.

이럴 때 이렇게!

- 기울어진 책을 반듯이 세워 놓았다.
- 밥을 먹고 나면 반드시 이를 닦아야 해요.

 헷갈리기 쉬운 낱말 83

77 벌리다/벌이다

'벌리다'는 둘 사이를 멀게 하거나 열어서 속의 것을 드러내는 거예요.
'벌이다'는 일을 계획하여 시작하거나 물건을 늘어놓는 것을 말합니다.

 바르게 따라 써 보세요.

입	을		크	게		벌	리	고		하
입	을		크	게		벌	리	고		하

품	을		합	니	다	.				
품	을		합	니	다	.				

 아래 칸에 맞춰 써 보세요.

잔치를 벌였어요.

잔치를 벌였어요.

이럴 때 이렇게!

- 체조를 할 때는 줄 간격을 벌려서 서라!
- 장난감을 방 가득 벌여 놓았어요.

78 봉우리/봉오리

'봉우리'는 산의 능선에서 높이 솟은 곳을 말하며 '산봉우리'와 같은 말이에요.
'봉오리'는 꽃망울만 맺혀서 아직 피지 않은 꽃으로 '꽃봉오리'와 뜻이 같아요.

 바르게 따라 써 보세요.

산	에	는		높	은		봉	우	리	가 ∨
산	에	는		높	은		봉	우	리	가

있	습	니	다	.						
있	습	니	다	.						

 아래 칸에 맞춰 써 보세요.

꽃봉오리가 꽃잎을 펼쳤어요.

꽃봉오리가 꽃잎을 펼쳤어요.

이럴 때 이렇게!

· 산봉우리에 구름이 걸려 있어요.
· 꽃봉오리가 앙증맞게 피었어요.

79 부수다/부시다

'부수다'는 물건을 깨뜨리는 것을 뜻하며, '부수어 / 부숴 / 부수니'로 쓰여요.
'부시다는' 빛이 강해서 마주 보기 어려울 때 쓰는 말이에요.

 비슷한 표현 '부시다'는 그릇을 깨끗하게 한다는 뜻도 있습니다.

 **바르게 따라 써 보세요.**

도	둑	이		창	문	을		부	수	고 ∨
도	둑	이		창	문	을		부	수	고

도	망	갔	습	니	다	.				
도	망	갔	습	니	다	.				

 아래 칸에 맞춰 써 보세요.

햇빛에 눈이 부셔요.

햇빛에 눈이 부셔요.

이럴 때 이렇게!

· 과자를 잘게 부숴 놓았어요.

· 옷이 눈부시게 아름다워요.

80 부치다/붙이다

'부치다'는 편지를 보낸다는 뜻과 프라이팬에 음식을 익힐 때도 쓰입니다.
'붙이다'는 물건이 떨어지지 않게 하다, 불이 옮아 타게 하다는 뜻이 있어요.

 바르게 따라 써 보세요.

우	체	국	에		가	서		소	포	를	∨
우	체	국	에		가	서		소	포	를	

부	쳤	습	니	다	.
부	쳤	습	니	다	.

 **아래 칸에 맞춰 써 보세요.**

편지 봉투에 우표를 붙였습니다.

편지 봉투에 우표를 붙였습니다.

이럴 때 이렇게!

· 엄마가 김치 부침개를 부쳐 주셨어요.
· 초에 불을 붙여 주세요.

 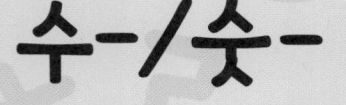

81 수-/숫-

'수-'는 낱말 앞에 붙어서 수컷을 나타내요. 단, '숫쥐, 숫양, 숫염소'는 발음할 때 사이시옷이 들어가는 것이 자연스럽다고 판단하여 표준어로 삼았어요.

비슷한 표현 거센소리 표기는 '수캉아지, 수캐, 수컷, 수키와, 수탉, 수탕나귀, 수톨쩌귀, 수태지, 수평아리' 입니다.

 바르게 따라 써 보세요.

| 개 | 미 | 는 | | 수 | 개 | 미 | , | 여 | 왕 | 개 |

| 미 | , | | 일 | 개 | 미 | 가 | | 있 | 어 | 요 | . |

 아래 칸에 맞춰 써 보세요.

숫염소가 산으로 도망갔어요.

이럴 때 이렇게!

· 한옥 지붕에는 수키와와 암키와를 이어서 얹는다.

· 박물관에서 숫양 문양의 조각을 보았습니다.

82

시키다/식히다

'시키다'는 어떤 일이나 행동을 하게 하다는 뜻이고,
'식히다'는 더운 기운을 식게 하다는 뜻이에요.
발음이 같아 혼동하는 경우가 있으니 주의하세요.

 **바르게 따라 써 보세요.**

선	생	님	이		학	생	들	에	게
선	생	님	이		학	생	들	에	게

공	부	를		시	킵	니	다	.	
공	부	를		시	킵	니	다	.	

 아래 칸에 맞춰 써 보세요.

뜨거운 물을 입으로 불어 식혔습니다.

뜨거운 물을 입으로 불어 식혔습니다.

이럴 때 이렇게!

· 레스토랑에서 돈가스를 시켰습니다.
· 선풍기 바람으로 땀을 식혔다.

안(하다)/않(다)

'안'은 '아니'의 준말이고, '않'은 '아니 하'의 준말이에요.
둘을 쉽게 구분하는 방법은 문장에 '아니'나 '아니 하'를 넣어 보고
자연스럽게 읽히는 것을 고르면 돼요.

 바르게 따라 써 보세요.

동	생	은		간	식	을		안		먹
동	생	은		간	식	을		안		먹
겠	다	고		했	다	.				
겠	다	고		했	다	.				

아래 칸에 맞춰 써 보세요.

공부는 않고 놀기만 한다.

공부는 않고 놀기만 한다.

이럴 때 이렇게!

- 밥을 먹고 양치질도 안 했다.
- 과자를 너무 많이 먹는 것은 건강에 좋지 않다.

알맞은/맞는

'알맞은'은 일정한 기준과 조건에 넘치거나 모자라지 않다는 뜻이며,
'알맞는'이라고 쓰기도 하는데 틀린 표현이에요. '맞는'은 옳다,
크기나 규격이 어울린다는 뜻이며, '맞은 / 맞는' 둘 다 바른 표현이에요.

 바르게 따라 써 보세요.

추	운		날	씨	에		알	맞	은	
추	운		날	씨	에		알	맞	은	

옷	을		입	으	세	요	.			
옷	을		입	으	세	요	.			

 아래 칸에 맞춰 써 보세요.

맞는 답을 고르시오.

맞는 답을 고르시오.

이럴 때 이렇게!

• 춥지도, 덥지도 않고 걷기에 알맞은 날씨예요.

• 나에게 맞는 직업을 찾아야 해.

85 알은체/아는 체

'알은체'는 사람을 보고 인사하는 표정을 짓거나 어떤 일에 관심을
보이는 듯한 태도를 말해요. '아는 체'는 모르는 것을
마치 알고 있는 것처럼 행동하는 것을 말해요.

 바르게 따라 써 보세요.

친	구	가		알	은	체	도		하	지 ∨
친	구	가		알	은	체	도		하	지

않	고		지	나	갔	다	.
않	고		지	나	갔	다	.

 아래 칸에 맞춰 써 보세요.

잘 모르면서 아는 체한다.

잘 모르면서 아는 체한다.

이럴 때 이렇게!

· 엄마가 떡볶이를 만드셨는데 나는 알은체도 하지 않았다.

· 친구는 제법 아는 체를 하며 설명을 했다.

86 얇다/엷다

'얇다'는 두께가 두껍지 않다는 뜻이며,
'엷다'는 빛깔이 진하지 않다는 뜻입니다.

 바르게 따라 써 보세요.

종	이	가		얇	아	서		금	방	
종	이	가		얇	아	서		금	방	

찢	어	지	고		말	았	어	요	.	
찢	어	지	고		말	았	어	요	.	

 아래 칸에 맞춰 써 보세요.

엷은 분홍색 옷을 입었어요.
엷은 분홍색 옷을 입었어요.

이럴 때 이렇게!

· 귤껍질이 얇아서 잘 벗겨져요.

· 물감을 엷게 풀어 그림을 그렸다.

87 -예요/-이에요

'-예요'는 '-이에요'의 준말이에요. 보통 받침이 있는 말 뒤에는 '-이에요'를 쓰고, 받침이 없는 말에는 '-예요'를 써요.

주의 '-에요', '-이예요'는 틀린 표현이니 주의하세요.

 바르게 따라 써 보세요.

저	것	은		나	무	예	요	?		풀
저	것	은		나	무	예	요	?		풀

이	에	요	?
이	에	요	?

 아래 칸에 맞춰 써 보세요.

이것은 책이에요.

이것은 책이에요.

이럴 때 이렇게!

· 선물로 받은 연필과 지우개예요.

· 내 이름은 박은영이에요.

 **88** **-오/-요**

'-오'와 '-요'가 헷갈리는 문장에서는 둘을 빼 보세요.
'어서 오시오'처럼 '어서 오시'만으로 말이 안 되면 '-오'를 쓰면 되고,
'아니요'처럼 '아니'만으로 말이 되면 '-요'를 붙여요.

👧 바르게 따라 써 보세요.

| " | 어 | 서 | | 오 | 십 | 시 | 오 | . | " | 라 | 고 | ∨ |

| 인 | 사 | 합 | 니 | 다 | . |

 아래 칸에 맞춰 써 보세요.

어서 와요.

어서 와요.

이럴 때 이렇게!

- 손님이 갈 때는 "안녕히 가십시오." 라고 인사합니다.
- 용돈을 다 써 버려서 돈이 없어요.

89 왠/웬

'왠'은 혼자 쓰일 수 없으며, '왠지'의 형태로 쓰여요.
'왠지'는 '왜인지'의 준말로 '왜 그런지 모르게'라는 뜻이에요.
그 외에 '웬일, 웬 걱정, 웬만큼, 웬걸' 등은 모두 '웬'을 씁니다.

 바르게 따라 써 보세요.

오	늘	은		왠	지		아	름	다	워	∨
오	늘	은		왠	지		아	름	다	워	

보	이	는	걸	!							
보	이	는	걸	!							

 아래 칸에 맞춰 써 보세요.

네가 웬일로 여기를 왔니?

네가 웬일로 여기를 왔니?

이럴 때 이렇게!

· 책을 읽고 왠지 슬픈 마음이 들었다.

· 할머니는 웬 걱정이 그리 많으실까?

윗-/웃-

'윗-'은 '윗집 / 아랫집'처럼 반대되는 말이 있을 때 쓰여요.
'웃-'은 '웃어른'은 있지만 '아랫어른'은 없듯이 반대되는 말이 없을 때 써요.

 바르게 따라 써 보세요.

| 윗 | 니 | 와 | | 아 | 랫 | 니 | 에 | | 충 | 치 |

| 가 | | 생 | 겼 | 어 | 요 | . |

 아래 칸에 맞춰 써 보세요.

웃어른을 공경해야 한다.

이럴 때 이렇게!

· 아랫입술이 윗입술보다 두꺼워요.
· 겨울에는 웃옷을 따뜻하게 입어야 해요.

이따가 / 있다가

'이따가'는 '조금 지난 뒤에'라는 뜻이고,
'있다가'는 사람이나 동물이 어느 곳에 머물고 있는 것을 뜻해요.

 바르게 따라 써 보세요.

지	금	은		할		일	이		있	으
지	금	은		할		일	이		있	으

니		이	따	가		이	야	기	하	자.
니		이	따	가		이	야	기	하	자.

 아래 칸에 맞춰 써 보세요.

학원에 있다가 집에 왔다.

학원에 있다가 집에 왔다.

이럴 때 이렇게!

· 아이스크림은 이따가 먹어야지.

· 거기에 좀 더 있다가 돌아오너라.

92 이빨/이

'이빨'은 '이'를 낮추어 이르는 말로, 흔히 동물한테 쓰는 말이에요.
사람한테는 '이'나 '치아'라고 합니다.

 바르게 따라 써 보세요.

사	자	가		날	카	로	운		이	빨
사	자	가		날	카	로	운		이	빨

을		드	러	냈	어	요	.
을		드	러	냈	어	요	.

 아래 칸에 맞춰 써 보세요.

혼자서도 이를 잘 닦아요.

혼자서도 이를 잘 닦아요.

이럴 때 이렇게!

· 쥐가 이빨로 나무를 갉았어요.
· 이가 가지런하게 나면 웃을 때 예뻐요.

93 잃다/잇다

'잃다'는 가지고 있던 물건이 없어졌을 때 쓰는 말이고,
'잊다'는 알았던 것을 기억하지 못할 때 쓰는 말이에요.

 바르게 따라 써 보세요.

학	원	에	서		아	끼	던		연	필
학	원	에	서		아	끼	던		연	필

을		잃	어	버	렸	다	.
을		잃	어	버	렸	다	.

 아래 칸에 맞춰 써 보세요.

중요한 약속을 잊고 있었어.

중요한 약속을 잊고 있었어.

이럴 때 이렇게!

- 낯선 곳에서 길을 잃었습니다.
- 어릴 적 기억을 잊고 지냈다.

94 작다/적다

'작다'는 '크다'의 반대말이며, '적다'는 '많다'의 반대말이에요.
발음이 비슷해서 혼동될 때는 반대말을 넣어서 말이 되는지 살펴보세요.

 **바르게 따라 써 보세요.**

발	이		커	져	서		이	제		신
발	이		커	져	서		이	제		신

발	이		작	다	.
발	이		작	다	.

 아래 칸에 맞춰 써 보세요.

용돈이 너무 적어요.

용돈이 너무 적어요.

이럴 때 이렇게!

· 나는 동생보다 키가 작다.

· 올해는 비가 적게 와서 가뭄이 들었어.

헷갈리기 쉬운 낱말 101

'-장이'는 특정한 기술을 가진 사람을 말할 때 쓰는 표현이며,
'장인'의 뜻이 살아 있는 말이에요. 그 외는 '-쟁이'를 쓰면 됩니다.

 바르게 따라 써 보세요.

옹	기	장	이	는		옹	기	를		만
옹	기	장	이	는		옹	기	를		만

드	는		사	람	이	에	요	.
드	는		사	람	이	에	요	.

 아래 칸에 맞춰 써 보세요.

내 동생은 개구쟁이예요.

내 동생은 개구쟁이예요.

이럴 때 이렇게!

· 대장장이가 쇠를 달구어 농기구를 만들어요.

· 거짓말쟁이 말은 아무도 믿지 않아요.

96 저리다/절이다

'저리다'는 손발이 오래 눌려서 피가 통하지 않아 찌릿찌릿한 느낌이
나는 것을 말해요. '절이다'는 채소나 생선 등에 소금, 설탕 등이
배어들게 하는 것을 말해요.

 **바르게 따라 써 보세요.**

쭈	그	리	고		앉	아		있	었	더
쭈	그	리	고		앉	아		있	었	더

니		다	리	가		저	리	다	.	
니		다	리	가		저	리	다	.	

 아래 칸에 맞춰 써 보세요.

생선을 소금에 절였다.

생선을 소금에 절였다.

이럴 때 이렇게!

· 저린 다리를 절룩거리며 걸었다.
· 김치를 담그려면 배추를 소금에 절여야 해요.

좇다/쫓다

'좇다'는 남의 말이나 뜻을 따르다는 뜻이고,
'쫓다'는 어떤 대상을 만나기 위해 뒤를 따라 급히 가는 것을 말해요.

주의 졸음이나 잡념을 없애는 것에도 '쫓다'를 써요.

 바르게 따라 써 보세요.

부	모	님	의		의	견	을		좇	아 ∨
부	모	님	의		의	견	을		좇	아

결	정	한		일	이	야	.
결	정	한		일	이	야	.

아래 칸에 맞춰 써 보세요.

경찰이 도둑을 잡기 위해 쫓아갔다.

경찰이 도둑을 잡기 위해 쫓아갔다.

이럴 때 이렇게!

· 오래된 사진을 보며 그때 기억을 좇고 있었다.

· 논으로 몰려드는 새를 쫓았다.

98 째/채

'째'는 '뿌리째', '통째'처럼 전부를 뜻해요. '채'는 '산 채로',
'옷을 입은 채로'처럼 이미 있는 상태 그대로라는 뜻이에요.

비슷한 표현 '채'는 '채 익기도 전에'처럼 '제대로, 미처'라는 뜻도 있습니다.

👧 **바르게 따라 써 보세요.**

사	과	를		껍	질	째		맛	있	게 ✓
사	과	를		껍	질	째		맛	있	게

먹	었	습	니	다	.					
먹	었	습	니	다	.					

 아래 칸에 맞춰 써 보세요.

앉은 채로 잠들었어요.

앉은 채로 잠들었어요.

이럴 때 이렇게!

· 멸치는 뼈째 먹는 생선이에요.

· 닭을 산 채로 잡았어요.

99 켜다/키다

'켜다'는 붉을 밝히다, 전기 제품을 작동시키다, 몸을 펴다 등의 뜻이 있어요.
'키다'는 '켜이다'의 준말로 켜고 싶어진다는 뜻이에요.

 바르게 따라 써 보세요.

정	전	이		되	어		방	에		촛
정	전	이		되	어		방	에		촛

불	을		켰	습	니	다	.			
불	을		켰	습	니	다	.			

아래 칸에 맞춰 써 보세요.

저녁을 짜게 먹었더니 물이 자꾸 킨다.

저녁을 짜게 먹었더니 물이 자꾸 킨다.

이럴 때 이렇게!

· 자고 일어나면 기지개를 켜고 나서 세수를 한다.

· 더워서 하루 종일 물이 켜인다.

100 햇빛/햇볕

'햇빛'은 해의 빛을 말하며, '햇볕'은 해가 내리쬐는 따뜻한 기운을 뜻해요.
뜻이 조금 다르니 예문을 통해 쓰임을 익혀 보세요.

바르게 따라 써 보세요.

아	침	에		창	문	으	로		햇	빛
아	침	에		창	문	으	로		햇	빛

이		비	쳐	요	.
이		비	쳐	요	.

아래 칸에 맞춰 써 보세요.

햇볕에 얼굴이 검게 그을렸어요.

햇볕에 얼굴이 검게 그을렸어요.

이럴 때 이렇게!

· 햇빛에 바다 물결이 반짝입니다.
· 햇볕이 잘 드는 곳에 빨래를 말려야 해.

1 아래 글을 읽고, 알맞은 낱말에 ○표 하세요.

1) 선생님이 피아노를 (가리켜 / 가르쳐) 주셨어요.

2) 감기가 잘 (낫지 / 낳지) 않아요.

3) 길에서 넘어져 무릎을 (다쳤습니다 / 닫혔습니다).

4) 공부를 (하던지 놀던지 / 하든지 놀든지)
   네 마음대로 해.

5) 하굣길에 친구 집에 (들렸다가 / 들렀다가) 왔습니다.

6) 학생으(로서 / 로써) 해야 할 일은 스스로 하거라.

7) 두 살(박이 / 배기) 내 동생은 말썽꾸러기예요.

8) 약속 시간은 (반드시 / 반듯이) 지켜야 한다.

9) 엄마가 김치 부침개를 (부쳐 / 붙여) 주셨어요.

10) 친구가 (아는 체 / 알은체)도 하지 않고 지나갔다.

 정답

9) 부쳐 10) 알은체

1. 1) 가르쳐 2) 낫지 3) 다쳤습니다 4) 하든지 놀든지 5) 들렀다가 6) 로서 7) 배기 8) 반드시

2 아래 낱말로 짧은 글짓기를 해 보세요.

1) 껍질 :

----

2) 날아다니다 :

----

3) 고치다 :

----

4) 작다 :

----

5) 햇볕 :

----

3 다음 글에서 잘못 쓴 낱말을 찾아 고쳐 보세요.

엄마와 함께 시장에 갔다.

오늘은 잡채와 부침개를 붙여 먹기로 했다.

엄마가 자주 가시는 채소 가게가

오늘은 문이 다쳐 옆 가게에서 물건을 샀다.

같은 반 친구 수영이도 엄마를 따라 시장에 왔는지

멀리서 아는 체를 했다.

돌아오는 길에 미용실에 들려 머리도 깍았다.

2. 1) 사과 껍질을 벗기다. / 상처 껍질 딱지가 떨어지다. 등 2) 잠자리가 하늘을 날아다니다. / 새가 날아다니다.
등 3) 시계가 고장 나서 고쳤다. / 잘못된 점을 고쳤다. 등 4) 신발이 작다. / 집이 너무 작다. / 키가 작다. 등
5) 햇볕이 몹시도 뜨겁다. / 햇볕이 잘 드는 곳에 채소를 말려 둔다. 등
3. 붙여 → 부쳐 / 다쳐 → 닫혀 / 아는 체 → 안는 척 / 들려 → 들러 / 깍았다 → 깎았다.

예사말과 높임말

높임말의 뜻과 종류

높임말은 웃어른을 공경하는 마음을 표현하기 위해 쓰는 말이에요.
높임말에는 말 자체에 높임의 뜻이 있는 말이 있고,
자기 자신을 낮춤으로써 상대방을 높이는 말이 있습니다.
또 '-께서', '-시'를 붙여서 높이는 말 등이 있습니다.
친구들끼리 보통 쓰는 예사말을 높임말로 어떻게 바꾸는지 알아보세요.

1 높임의 뜻이 있는 말

말 – 말씀	아프다 – 편찮으시다
밥 – 진지	만나다 – 뵙다
생일 – 생신	있다 – 계시다
나이 – 연세, 춘추	묻다 – 여쭙다
이 – 치아	먹다 – 드시다, 잡수시다
술 – 약주	자다 – 주무시다
집 – 댁	주다 – 드리다
병 – 병환	죽다 – 돌아가시다
씀 – 올림	미안해 – 죄송해요
이름 – 성함	고마워 – 감사합니다

② 자기를 낮추거나 '-님'을 붙여 상대를 높이는 말

나 - 저   할아버지 - 할아버님

내 - 제   사장 - 사장님

우리 - 저희   과장 - 과장님

어머니 - 어머님   형 - 형님

어버지 - 아버님   딸 - 따님

할머니 - 할머님   아들 - 아드님

③ '-께서', '-시'를 붙여 상대를 높이는 말

선생님이 - 선생님께서   하다 - 하시다, 하십니다

어머니가 - 어머니께서   부르다 - 부르시다, 부르십니다

아버지가 - 아버지께서   쓰다 - 쓰시다, 쓰십니다

할머니가 - 할머니께서   화내다 - 화내시다, 화내십니다

할아버지가 - 할아버지께서   만들다 - 만드시다, 만드십니다

에게 - 께   울다 - 우시다, 우십니다

보다 - 보시다, 보십니다   읽다 - 읽으시다, 읽으십니다

오다 - 오시다, 오십니다   앉다 - 앉으시다, 앉으십니다

가다 - 가시다, 가십니다   웃다 - 웃으시다, 웃으십니다

지은이 키즈키즈 교육연구소

기획과 편집, 창작 활동을 전문으로 하는 유아동 교육연구소입니다.
어린이들이 건강한 생각을 키우고 올곧은 인성을 세우는 데 도움이 되는
교육 콘텐츠를 개발하고 있습니다. 즐기면서 배울 수 있는 프로그램 개발에도
힘쓰고 있으며, 단행본과 학습지 등 다양한 분야에서 활동하고 있습니다.

하루10분 맞춤법 따라쓰기

1단계 기초 다지기

중쇄 인쇄 | 2024년 6월 20일
중쇄 발행 | 2024년 6월 25일
지은이 | 키즈키즈 교육연구소
펴낸이 | 박수길
펴낸곳 | (주)도서출판 미래지식
기획 편집 | 이솔 · 김아롬
디자인 | design Ko

주소 | 경기도 고양시 덕양구 통일로 140 삼송테크노밸리 A동 333호
전화 | 02)389-0152
팩스 | 02)389-0156
홈페이지 | www.miraejisig.co.kr
이메일 | miraejisig@naver.com
등록번호 | 제2018-000205호

ISBN 979-11-90107-21-1 64700
ISBN 979-11-90107-20-4 (세트)

*미래주니어는 미래지식의 어린이책 브랜드입니다.